© 2015 Gregor Graf

Herstellung und Verlag:
BoD – Books on Demand, Norderstedt,
ISBN 978-3-7386-2411-3

Jan Hubertus

*Ein Mönch
ermunterte ihn
zu malen,
nicht Blumen,
nur ihren Duft.*

Gregor Graf, 1935 in Bern geboren, lebt im deutsch- und französischsprachigen Biel/Bienne in der Schweiz. Bis zu seiner Pensionierung arbeitete er erfolgreich als Chemiker. Liest, träumt und schreibt Gedichte.

Gregor Graf

Haiku
im Abendwind

Poesie auf drei Zeilen

Die Milchstraße sieh,
Myriaden von Sternen
und doch alles eins!

ZUM NEUEN JAHR

Ein Kinderlachen
weckte mich heute Morgen
aus tiefen Träumen.

Am Neujahrsmorgen -
die Spatzen am Futterbrett
schon wieder streiten.

Im Neujahrsschnee dort
Mann und Frau sich ansehn und
lächeln – heimlich nur.

Am Neujahrsmorgen,
als ich die Stube betrat
schnurrte das Kätzchen.

Der alte Kater
noch schnell die Ohren wäscht,
am Neujahrsmorgen.

Die Stubenfliege
sich doch grad auf mein Heft setzt.
Wart nur, denk ich leis!

In der Neujahrsnacht
Schnee fällt auf Schnee, weiß, nur weiß,
kein Laut und kein Mond.

IM FRÜHLING

Das Leberblümchen
heute noch heller leuchtet
im trockenen Laub.

Auf dem Kirchturm, horch,
die Störche wieder klappern.
Die Uhr schlägt gleich neun!

Auf dem frischen Grab
blüht schon die erste Primel
im Frühlingsregen.

Heute früh im Park
hörte ich den Spatzen zu
im Efeudickicht!

So früh am Morgen
in der kleinen Pfütze, sieh,
die Amsel badet!

Ein Windhauch so zart -
vom Engel sah man nur noch
Schleier und Füße!

Im Nieselregen
die rote Schnecke ganz nackt
noch unterwegs, heut.

IM SOMMER

Im Sommerwind heut
der erste Duft von Rosen -
eine Grille, nein, zwei.

Im Sommerregen
der alte Gaul noch trottet -
der Hafer schon reif.

Nur Sand und Stille.
Der Dornbusch brennt, verbrennt nicht.
Wer hat gerufen?

Das Fenster offen,
schreibt er ihr von den zarten
rosa Malven nur.

Der Graureiher dort
nachdenkt über das Murmeln
der Kiesel im Bach.

Rosenblütenduft
von deinem Garten weht doch
grad vor mein Fenster.

Goldgelb der Weizen.
Aufgeschreckt der Spatzenschwarm -
vom Hund des Bettlers.

Die Turmuhr schlägt eins.
Hühner glucksen schlaftrunken
im Sichelmondlicht.

Der Hahn im Hinterhof
stolziert und verkündet laut:
Es ist drei Uhr gleich!

Verdorrt die Wiesen.
Im dunklen Eichenschatten
Schafe dicht gedrängt.

Diese Nacht fielen
silbrige Flitter vom Mond
herab in den Teich.

Die Wolken fliegen.
Im Sturm die Birke sich wiegt.
Der Mond mal hier mal dort.

Im Abendwind noch
der zarte Duft der Rosen.
Die blaue Stunde!

Vor dem Gartentor
zupfte mich der Rosendorn:
Bleib noch ein Weilchen!

Die Sonnenblumen
sich nach Osten drehn, morgens,
westwärts am Abend.

Sieh, blaue Nadeln
schweben über dem Wasser.
Libellen so zart!

Donnergrollen, horch!
Der Grashüpfer schaut um sich,
springt unter mein Dach.

Der Schmetterlingsstrauch
und der Zitronenfalter
sich fanden, grad jetzt.

Im Aufwind am Berg
der Rotmilan kreist und kreist.
Oh, diese Weite!

IM HERBST

Vom ersten Herbstwind
Rosenblüten fallen sacht
wie leises Weinen.

Der Herbstmond
von Wolke zu Wolke zieht
flüchtig wie der Wind.

Im grauen Nebel
allein, geh ich diesen Weg
zur Trauerweide.

Zitronenfalter.
Er gaukelt im Herbstwind noch
so unbeschwert heut.

Die Schwalben schon fort.
Im kahlen Acker Krähen
streiten und klagen.

Bei diesem Regen,
die Weinbergschnecke meinen
zarten Salat fand.

Der Haubentaucher
die Flügel schlägt und ganz schnell
ins Schilfgras flüchtet.

Mutig die Spinne,
trotz Herbststurm doch den Faden
zieht von Baum zu Baum.

Dort im Nebellicht
Tautropfen glitzern im Netz
der alten Spinne.

Im Dämmerlicht, ach,
ein Mäuschen huschte vorbei,
raschelte im Laub.

Bei jedem Windhauch
der Herbstmond Grimassen zieht
dort in der Pfütze.

Im Herbstwind gaukeln
Distelfalter und Blüten
der Heckenrose.

Im alten Garten
Äpfel schimmeln braun und weiß
im taunassen Gras.

Im Abendwind schon
der erste Hauch von Trauer.
Atem des Herbstes.

Horch, das Nebelhorn.
Sogar die Pappel verschwand
im grauen Dunst.

IM WINTER

Die Stoppeln im Schnee -
alles, was blieb vom Wiegen
der Halme im Wind.

Schneeflocken schweben
in den weichen weißen Schnee.
Christrosen, sieh nur!

Ach, beim alten Haus
der Apfelbaum ächzt und fällt.
Die Äste im Schnee!

Nachtfalter verzehrt
vom flackernden Kerzenschein.
Ach, wie blass der Mond!

So eisig der Wind.
Die Finger klamm. Tritt ein,
der Teekessel surrt!

Bei diesem Schneesturm
sogar die Vogelscheuche
warme Strümpfe braucht.

Ach, wie freundlich heut -
die Vogelscheuche. Sieh nur,
Spatzen auf dem Hut!

So grimmig schaut die Vogelscheuche, dass ich doch ganz schnell vorbeiging.

Im Schneegestöber
Spatzen so lauthals streiten
um zwei Krümel, ach.

Am alten Zaun noch
weiße Winterastern blühn.
Schnee liegt in der Luft.

Die Witwe vorm Haus
sich lange den Mond ansah,
im dünnen Hemdchen.

Schneeflocken fallen,
versinken im tiefen Teich.
Ein Blesshuhn, ick, ick.

Die Nebelkrähe
mittendrin im Schneegestöber.
Viel Weiß, wenig Schwarz!

Das japanische Haiku ist die kürzeste Gedichtform der Weltliteratur. Es besteht aus einer einzigen Strophe von 3 Zeilen mit insgesamt 17 Silben. Der ersten Zeile von 5 Silben folgt die zweite mit 7 und die dritte wieder mit 5 Silben.